介護福祉現場の意識改革シリーズ

事例から考える 「チーム介護」のはじめの一歩

岡本浄実／野田由佳里／村上逸人　著

みらい

執筆者紹介

岡本　浄実 （生活福祉修士・健康科学修士）　京都文教大学こども教育学部准教授

・はじめに、ケース1・2・3、おわりに

　楽しい時間は、「面白さ」と「発見」があります。面白さと発見のしかけを日々、考えています。健康科学・体育・領域「健康」を担当。研究テーマは、健康教育。生活という視点を大切にしています。また、遊びや活動の「半分できること」をキーワードに子どもから高齢者の健康や生きがい活動を支援しています。現在は、保育実践の可視化に着目しています。

野田由佳里 （社会福祉学博士）　聖隷クリストファー大学社会福祉学部教授

・ケース4・5

　介護福祉現場の実務経験を活かした講義が身上。高齢者福祉論・介護福祉論・介護過程などを担当。研究テーマは、「介護人材の定着」を柱として、ケアの思想や、介護福祉学の進展に貢献する研究を深めています。一例として、介護職の離職率の高さを危惧し、就業意識の構造分析、好循環に繋がる因子研究や、介護現場における腰痛予防に関する移乗動作解析研究も行っています。最近は人材不足対策の外国人介護労働者にも着目しています。

村上　逸人 （社会福祉学修士）　同朋大学社会福祉学部准教授

・ケース6・7

　高齢者の介護過程展開や人間の尊厳と自立などを担当。研究テーマは、高齢者の介護。個人を尊重し、生活ケアの理解に重点を置いています。介護技術だけでなく、利用者と自分の育ってきた生活感覚が違っても活躍できる介護人材の養成を目指しています。現在は外国人を含めた介護の国際化と標準化に着目しています。

はじめに

　1987（昭和62）年に制定された「社会福祉士及び介護福祉士法」によって介護福祉士が国家資格化されてから34年が経過しました。その間、介護福祉士の定義規定も「入浴・排泄・食事その他の介護」から「心身の状況に応じた介護」を行うことに改正されるなど、大きく変化してきました。そのほかにも喀痰吸引等の「医療的ケア」に関する改正や、「求められる介護福祉士像」も大きく変化してきています。

　2021（令和3）年には、介護サービスの質の評価と科学的介護を推進するため、「科学的介護情報システム（Long-term care Information system For Evidence：LIFE)」が導入されました。エビデンスケア、つまり科学的に根拠が裏づけられた自立支援・重度化防止に対する質の高いサービス提供の推進を目的としています。介護サービスの利用増が推測されるなか、制度の持続や職員の働き方改革へ活用することでサービス利用者のサービスの質を向上させるねらいもあります。

　科学的データが蓄積された5年後、10年後に何をもたらすのか。利用者の選択肢の提供か介護職の努力の指標なのか。本ワークブックは、「情報」を入力する前のアセスメント力に着目しています。科学的介護の分析結果に基づいた介護が新たな介護の魅力となる日も近いかもしれません。

　「介護福祉現場の意識改革シリーズ」の3冊目となる本書は、介護現場の組織論とは一味違う「身近な話題」「介護現場の話題」の2つの視点から構成しました。情報収集は、介護現場だけではなく日常生活でもみられる場面です。「身近な話題」では、日常の視点から考えることで初任者研修や一般の介護講習での教材として、「介護現場の話題」では、介護過程の展開例として施設内研修の教材としても活用いただけるように作成しています。

　一方で、統計的に裏づけされたデータに基づいた介護実践を提供する役目は、私たち介護者です。私たち介護者がデータの選択をもとに「対象者の今の情報」と重ね、共に考え「その人らしい生活」を紡ぐことが10年先の介護の姿ではないでしょうか。客観的データを重ねる術は、介護職の皆さんの「情報」「アセスメント力」がビックデータに命を吹き込むのではないでしょうか。

令和3年8月

著　者

もくじ

はじめに

本ワークブックの使い方 ……………………………………………………… 6
　1．本ワークブックのねらいと構成　／6
　2．ワークの概要　／7

ケース1　海さん、新入生歓迎会に挑戦 ……………………………………… 11
　ワーク1　／12
　ワーク2　／13
　ワーク3　／14

ケース2　留学生ジャスミンさん、初めて帰国する …………………………… 15
　ワーク1　／16
　ワーク2　／17
　ワーク3　／18

ケース3　子ども食堂の立ち上げを「僕が企画するよ」と言う孝さん ………… 19
　ワーク1　／20
　ワーク2　／21
　ワーク3　／22

ケース4　校長先生であったレビー小体型認知症の勇さん ………………… 23
　ワーク1　／24
　ワーク2　／25
　ワーク3　／26

ケース5　社交的な関節リウマチの鈴さん …………………………………… 27
　ワーク1　／28
　ワーク2　／29
　ワーク3　／30

ケース6　スキンケアの必要な梅さん ………………………………………… 31
　ワーク1　／32
　ワーク2　／33
　ワーク3　／34

ケース7　寂しがり屋な四肢麻痺のタケさん ……………………………………… 35

　ワーク1　／36

　ワーク2　／37

　ワーク3　／38

おわりに

本ワークブックの使い方

1．本ワークブックのねらいと構成

（1）本ワークブックのねらい

　利用者の生活は、現時点ではなく、これまでの生活のうえに成り立っています。さらに、現在の延長上に未来があるというように、生活をよりよいかたちで継続できることが重要です。また、1日24時間の生活を1人の介護職で支えることも、介護職だけで支えることもできません。そのためチームで介護をすることが必要です。利用者の捉え方がチームメンバーと同じである必要があります。利用者の捉え方が異なった状況では、利用者の状況に応じた介護の実践を提供することはできません。つまり、利用者の状況に応じた介護実践を行うために、チームの介護の根拠となる介護計画が重要になります。

　介護計画の立案にはアセスメントが重要です。利用者の生活課題を導くまでの思考の方法ともいえます。図1に示したICFモデルを活用した情報収集は、介護職の必要な情報の標準化を図ると同時に利用者の生活像を描くための手掛かりとなります。一方で収集した手掛かりは、同じ情報でも背景により情報の意味合いが異なります。したがって同じ情報でも本人の希望により支援が異なります。つまり、利用者の生活像をイメージ・組み立て・関連付け・解釈し統合する視点から、意図的な観察が支える情報収集の体験が本ワークブックのねらいです。

図1　アセスメントの思考の流れ
出典：介護福祉士養成講座編集委員会編『介護福祉士養成講座9　介護過程』2019年、p.20、中央法規出版

（2）本ワークブックの構成

　本ワークブックでは、「身近な話題」から3ケース、「介護現場の話題」から4ケースを取り上げます。ケース1〜3では、若者（大学生や地域の子育て世代）が体験する話題を「身近な話題」として取り上げ、先輩や友人としてどのようにサポートをするかという視点で考えていきます。普段は先輩や友人の情報を書き出して考えることはないと思いますが、身近に起こる話題だからこそ「自分だったら」と深い思考を巡らせることができるのではないでしょうか。ケース4〜7では、リウマチなどの症状別ケース、お化粧などの生活場面といった介護現場の話題について、ケアの場面の事例を用いて考えていきます。これらの事例では、自身の介護チームで担当すると想定しています。

介護過程は、思考過程です。普段の人間関係を感覚から視覚化することで新しい発見があるのではないでしょうか。その発見は、思考することの魅力として介護の仕事の理解につながることでしょう。

それぞれのケースの扉には「このケースで意識したいチームの視点」としてアセスメントの視点の解説を、「このケースで新たに意識したいチームの視点」として、介護場面で注目されている視点を紹介しています（表1）。新たな視点を加えることで介護現場のイノベーションが起こることでしょう。イノベーションには、「情報のアップデート（アンテナを張り）」「リスクを知り行動する」「コミュニケーション環境」が必要です。このワークブックで紹介する意図的な観察は、チームの情報アップデートと職場内のコミュニケーションを活発にすることができるでしょう。活発になった議論からリスクを正しく知ることが持続的なチームワークにつながります。

表1　各ケースの視点

	アセスメントの視点	新たな視点
ケース1	行動の裏側	コンテキスト（文脈）
ケース2	自覚し選択する	視点のダイバーシティ
ケース3	アウトプット	グラフィックレコーティング
ケース4	洞察	エビデンスベースドケア
ケース5	裁量	権限移譲
ケース6	共通理解	コネクト
ケース7	情報共有	介護シェアリング

2．ワークの概要

ここでは、花さんの事例をもとに、ワークの取り組み方を解説していきます。ワークの始めには登場人物の概要が紹介されており、登場人物および登場人物に関わる人から聞き取った情報をもとにワークが展開されていきます。

本ワークでは、時間軸で情報を整理する（ワーク1）、アセスメントの視点で情報を関連づける（ワーク2）、さらに情報からニーズを掘り起こす（ワーク3）という3つのワークで構成しています。つまり、アセスメントの思考を実践場面の情報にそって体験するスキルトレーニングです（図2）。

登場人物の「情報」「追加情報」には番号がついており、この番号を本ワークブックでは「情報番号」と示しています。情報はこのように番号をつけることで、情報の関連づけや情報を統合するプロセスが見える化され、情報が整理しやすくなります。

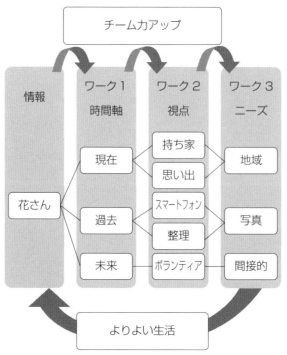

図2　意図的な情報収集
筆者作成

（1）ワーク1

　ワーク1は、登場人物に関する12の情報を読み、「現在（能力・感覚）」「過去（経験）」「未来（思考）」の3つの時間軸で登場人物の特徴を考えるワークです。登場人物（花さん）の情報から時系列で特徴を捉え支援の情報を整理してみましょう。

　「現在（能力・感覚）」は、今の暮らしと考えてみましょう。また、「過去（経験）」は、今の暮らしの背景となる出来事を推測しましょう。そして、「未来（思考）」は、花さんの暮らしの希望や周りの人の花さんに対する希望と考え情報を整理します。

　まず、情報番号を記入します。情報番号で整理する際、推測する状況や情報を追加する場合の視点等を枠内にメモしましょう。例えば、過去（暮らしの背景）情報番号②⑥⑧と整理します。整理した情報から推測・追加情報の視点等として「夫の定年

から18年夫婦での生活」、「長男誕生の時期（1981年）の社会」、「写真で家族や地域の思い出や地域の様子がわかる」等をメモします。

　今起きている現状には、人それぞれの背景があります。このワークを通して複数の情報を「過去」「現在」「未来」の時間軸で整理することで背景を理解するコツが見えてくるでしょう。

（2）ワーク2

　ワーク2では、ワーク1の情報と、追加された情報（追加情報）からさらに相手を知ることを考えます。ケース1～3では8つの追加情報、ケース4～7では4つの追加情報を示しており、対人援助のアセスメントの視点「身体」「心理」「社会」の3つに関連づけて整理し登場人物の特徴を深く考えていきます。具体的には、ワーク1の「花さんの情報」と「花さんの追加情報」から情報番号を記入します。枠内には、情報を関連づけた解釈についてメモをしましょう。例えば、身体的なアセスメントは、④⑪⑫の情報から、「自宅の片づけをできる体力がある」「食事は摂取できている」「現在はかかりつけ医から身体的な指摘はないが社会的な関わりをすすめられた」等と解釈することができます。

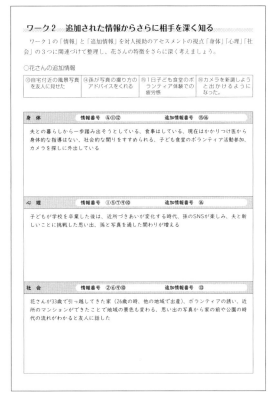

　このワークを通して、ワーク1の「情報」と「追加情報」をあわせて考えることで、日常でも介護現場でも情報をアップデートする必要性について体験できます。また、対人援助のアセスメントの視点から解釈することで花さんの生活像のイメージを組み立てる体験ができます。一定の条件やルールのもと情報を解釈するイメージで取り組むことでアセスメントの「情報の関連づけ」のコツが見えてくるでしょう。

（3）ワーク3

　ワーク3は、ニーズに着目したワークです。登場人物の「情報」と「追加情報」を統合して、登場人物が自覚している顕在ニーズと自覚していない潜在ニーズから新たに生じるニーズを考えるワークです。

　具体的には、「顕在ニーズ」を活動していることと考えてください。対象者の情報では「家族との関わり」「近所の人との関わり」「写真」などにあたります。一方で他者から求めら

れていることを「潜在ニーズ」と考えましょう。この事例では、「子ども食堂」にあたります。そして、「顕在ニーズ」と「潜在ニーズ」を新たな切り口でWin-Winでつなぐ活動や関わり方に広げるイメージで考えてみましょう。

（4）丁寧な情報がもたらすチーム力アップ

各ケースの終わりには、コラムとして「丁寧な情報がもたらすチーム力アップ」について記しています。ここでは変化する社会の中で注目されているキーワードをチーム力に活用する視点を紹介しています。

科学的介護データにより蓄積されたデータは、支援の選択肢を的確に示してくれるでしょう。また、示された選択肢からケアの評価ができるようになるでしょう。家族

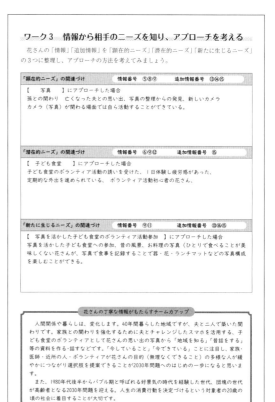

の立場では、介護サービスの選択肢が整理されてわかりやすく示されるようになると思います。しかし、科学的介護データが全てではありません。対象者に合わせたサービスは、24時間、365日続いています。本ワークブックの3つのワークの視点、ワーク1の情報を時間軸で分析し情報の背景を知ること、ワーク2の対人援助の視点（サービスとして）で関連づけること、ワーク3のニーズを知ることは、介護サービスが分断されないために「情報」のアップデート方法ともいえるのではないでしょうか。

ケース1 海さん、新入生歓迎会に挑戦

海さんは所属するサークルで行われる「新入生歓迎会」のチームリーダーです。あなたは、新入生歓迎会のメンバーで海さんの同級生です。「新入生歓迎会」を成功させるために、チームリーダーである海さんのどういうことを知ればよいでしょうか。

➤ このケースで意識したいチームの視点：行動の裏側

「チーム」を説明するために次の2人の行動について考えてみましょう。

B大学のサークル「リゾート研究会」では、「新入生歓迎会」のミーティングを行っています。2年生の海さんと3年生の山先輩は「新入生歓迎会」を主催するメンバーの一員です。

(1)　海さんは、「新型コロナ感染症の拡大で私たちの大学生活は憧れていた生活と違うものになりました。非対面授業や友達とのつながりもできづらい私たちの大学生活も新たに始まります。私は、自分たちも4月からのスタートを楽しめる新入生歓迎会をしたい。みんなでつくろうよ」と言っています。

(2)　新入生歓迎会のアドバイザーの山先輩は、「去年、できなかった歓迎会の企画書があるから配役だけ決めればいいですよ。どうせ時間ないですから」と言っています。

(1)と(2)の違いは、「行動の意味」の伝え方です。2人とも「新入生歓迎会」のメンバーとして「行動」を起こしています。しかし、海さんは後輩のためにも自分たちのためにも新しい形の歓迎会をしたいという「欲求」があります。山先輩は、打ち合わせなど時間をかけずに行いたいという「欲求」があります。欲求は、マズローの5段階の欲求説で例えられることが多くあります。社会的欲求・承認欲求・自己実現と高次の欲求になるほど人との関わるなかで実現されていきます。自分の実現したい「自己実現」のための行動は、他者と同じではありません。それぞれの自己実現の仕方があります。しかし、チームで活動するためには、行動（活動）の意味を考え他者に共有する「伝え方」も大切になります。

➤ このケースで新たに意識したい視点：コンテキスト（文脈）

現代社会では、コミュニケーションは大切だと言われ続けています。話しかけることがコミュニケーションと思われがちです。お互い話をし、コミュニケーションをとっているのにうまくいかないという経験があるのではないでしょうか。メンバーが目的に向かい「行動」しているはずですが、「行動」の裏側を考えることでその人に効果的な「伝え方」を選ぶことができます。「自分と同じ」という一律の表現で発信することでお互いのコンテキスト（文脈）に合わせたコミュニケーションが可能になります。企画の内容ももちろんですが、チームメンバーの「経験」「志向」を分類し「伝わる」言葉を考えます。

ワーク1　時間軸から情報を整理し相手の特徴を知る

　チームとして活動するために「相手の特徴を知る」ことが大切です。あなたは、新入生歓迎会のメンバーの一人で海さんの同級生です。「海さんの情報」を「現在：能力・感覚」「過去：経験」「未来：志向」の３つに整理し、チームリーダーである海さんの特徴を考えましょう。

○登場人物

海さん (19)	男性　　大阪市在住　　両親と５歳上の兄　　Ａ大学に入学自宅通学 １年次は非対面授業　　オンラインでのサークル活動 ファストフード店でアルバイト　　新入生歓迎会リーダー

○海さんの情報

①中・高校時代はサッカー部	②１年時の単位はすべて取得	③夢は海外でツアーコンダクターをすること	④自分たちのできる新歓をやろう
⑤新歓のリーダーになる	⑥Web会議サービスでの海外ツアーに参加している	⑦サークルの同期４人と１年間活動	⑧１つ上の山先輩は、新入生歓迎会のアドバイザー
⑨アルバイトではリーダーを３年経験	⑩兄が海辺でテレワークをする姿に憧れている	⑪コロナ禍の観光（マイクロツーリズム）に注目している	⑫サークルメンバーと対面で話し合うことに違和感がある

現　在：能力・感覚	情報番号

過　去：経験	情報番号

未　来：志向	情報番号

ワーク2　追加された情報からさらに相手を深く知る

　ワーク1の「情報」とワーク2の「追加情報」を対人援助のアセスメントの視点「身体」「心理」「社会」の3つに関連づけて整理し、海さんの特徴をさらに深く考えましょう。

○海さんの追加情報

⑬感染症対策の強化を大学に報告する	⑭5月第2土曜日に学内で開催予定。予算10万	⑮話し合いの時間を少しでも確保したい	⑯海さんは、唐揚げを毎日食べる
⑰グループワークを行う提案があった	⑱メンバーから新入生の意見を聞く予備調査の提案	⑲約70名の参加者と15名の実行委員	⑳5回の定例対面会議を予定している

身　体：自身の情報	情報番号	追加情報番号

心　理：影響をうけている	情報番号	追加情報番号

社　会：とりまく情報	情報番号	追加情報番号

ワーク3　情報から相手のニーズを知り、アプローチを考える

　海さんの「情報」「追加情報」を「顕在的ニーズ」「潜在的ニーズ」「新たに生じるニーズ」の３つに整理し、アプローチの方法を考えてみましょう。

「顕在的ニーズ」の関連づけ	情報番号	追加情報番号

【　　　　　　】にアプローチした場合

「潜在的ニーズ」の関連づけ	情報番号	追加情報番号

【　　　　　　】にアプローチした場合

「新たに生じるニーズ」の関連づけ	情報番号	追加情報番号

【　　　　　　】にアプローチした場合

海さんに対する丁寧な情報がもたらすチーム力アップ

　現代社会では、生活も多様化し一人ひとりの経験も多様になり「感覚」「能力」「志向」なども異なることを自覚する必要があります。目標や目的、方法を共有するだけではなく、チームの一員としてリーダーを知ることメンバーを知ることで「志向」「能力」を理解できます。同時にお互いのコンテキスト（文脈）に合わせたコミュニケーションへと進化しチーム力アップにつながります。

ケース 2 留学生ジャスミンさん、初めて帰国する

留学生のジャスミンさんはこの冬に初めて一人で帰国します。あなたは、ジャスミンさんの同級生です。一人で帰国する不安な気持ちを解消できるようアドバイスするために、どういうことを知ればよいでしょうか。

➤このケースで意識したいチームの視点：自覚し選択する

「チーム」を説明するために次の2人の行動について考えてみましょう。

C大学の教室で、ジャスミンさんが友人の亮さんに帰国について相談しています。

⑴　ジャスミンさんは、「一人で帰国することが初めてで不安です。旅に慣れている人に話を聞いて私の帰国の計画をたてています」と言っています。

⑵　友人の亮さんは、「経済的な理由で海外留学ができなかった。留学できているジャスミンさんはすごいね。ネットで検索すれば車両の位置情報まで教えてくれるよ」と言っています。

⑴と⑵の違いは、自覚して行動を選択しているかという視点です。ジャスミンさんは、置かれている環境の中で主体的な行動をしています。つまり、自分で選択をした自覚的な行動をしています。その結果、自分の不得意な部分は他者の力を借り、選択肢を増やし自分で計画を立てる行動をとっているといえます。一方で友人の亮さんは、留学ができなかったことを自分の判断だと考えていません。行動の原因を環境のせいにしていることで、ジャスミンさんの気持ちに寄り添うことができず、亮さんにとって便利だと思う車両の位置情報の話題になっています。ジャスミンさんの話を聴き、相手の興味のある情報を伝えることで初めて相手が自覚（キャッチ）し行動できる情報に進化します。

➤このケースで新たに意識したい視点：視点のダイバーシティ

ダイバーシティとは、日本では「多様性」と訳されています。近年は、女性の登用、LGBT、国籍・宗教・価値観などが多様であることをさまざまな機会で学んでおり、「多様な人がいることを考えましょう」という立場は、共有されるようになったといえるでしょう。しかし、「多様な人」について具体的に共有される場面は少ないように思います。「多様な人」を考える時、「どんな」「どういう」「どこで」など具体的に探り、自分たちの想定する「多様な人」を共有する工夫が「視点のダイバーシティ」を育てることになります。自分の経験だけではなく、チームメンバーの意見、または反対の意見を言える時間をあえてとることも必要でしょう。多方向から見ることをよしとし、反対の意見を言ってもいいという心理的な安全も「視点のダイバーシティ」を育むツールともなるでしょう。

ワーク1　時間軸から情報を整理し相手の特徴を知る

　チームとして活動するために「相手の特徴を知る」ことが大切です。あなたは、留学生ジャスミンさんの同級生です。「ジャスミンさんの情報」を「現在：能力・感覚」「過去：経験」「未来：志向」の３つに整理し、ジャスミンさんの特徴を考えましょう。

○登場人物

ジャスミンさん(21)

女性　　フィリピン出身　　2019年来日　　愛知県名古屋市在住
大学紹介のマンションで一人暮らし　　C大学社会学部２年生

○ジャスミンさんの情報

①家族５人（父：45歳・母：40歳・祖母：83歳・兄：21歳・弟：17歳）	②授業の疲れで寝不足	③大学の友人に英語を教える代わりに、日本語を教わっている	④服や小物のリメイクがマイブーム
⑤３か月前から帰国準備	⑥冬休み10日間で帰国	⑦自炊をしている	⑧毎日、家族にSNSからメッセージを送っている
⑨週１回ラーメンを食べに行くのが楽しみ	⑩小さい頃からゲーム好き	⑪コンビニのアルバイトで月10万円の収入がある	⑫来日時、日本人の無表情が怖かった

現　在：能力・感覚	情報番号

過　去：経験	情報番号

未　来：志向	情報番号

ワーク2　追加された情報からさらに相手を深く知る

　ワーク1の「情報」とワーク2の「追加情報」を対人援助のアセスメントの視点「身体」「心理」「社会」の3つに関連づけて整理し、ジャスミンさんの特徴をさらに深く考えましょう。

○ジャスミンさんの追加情報

⑬スーパーが遠く野菜を食べる機会が少ない	⑭空港までの交通機関の乗り換えが不安	⑮行列に並ぶことが苦手	⑯母国の社会情勢が不安
⑰休憩時間には同じ出身国の人と話している	⑱民族料理の材料が手に入りにくい	⑲日本語は読めるが書けない	⑳同音意義語がわからない

身　体：自身の情報	情報番号	追加情報番号

心　理：影響をうけている	情報番号	追加情報番号

社　会：とりまく情報	情報番号	追加情報番号

ワーク3 情報から相手のニーズを知り、アプローチを考える

　ジャスミンさんの「情報」「追加情報」を「顕在的ニーズ」「潜在的ニーズ」「新たに生じるニーズ」の３つに整理し、アプローチの方法を考えてみましょう。

「顕在的ニーズ」の関連づけ	情報番号	追加情報番号

【　　　　　】にアプローチした場合

「潜在的ニーズ」の関連づけ	情報番号	追加情報番号

【　　　　　】にアプローチした場合

「新たに生じるニーズ」の関連づけ	情報番号	追加情報番号

【　　　　　】にアプローチした場合

ジャスミンさんに対する丁寧な情報がもたらすチーム力アップ

　仕事でも活動でも「話したよね」「伝えたよね」という場面を経験したことがあると思います。「自分が話したい情報」「自分が得意な情報」だけを話していませんか？　コミュニケーションが自分視点の直球から相手が受け取りやすい球となるために「今、どんな方法がわかっているの？」「どこか寄るところある？」「電車とバス、どちらで移動したい？」などジャスミンさんの聞きたい情報を探りながら表情やしぐさも観察しましょう。すぐに答えのような助言をするより、選択肢を示し意思決定をすることは、介護現場でのチームメンバーに対する信頼関係の構築にもつながることでしょう。一つの選択肢だけでは、自分の意思が伝わらない不安や疎外感にもなります。

ケース 3 子ども食堂の立ち上げを「僕が企画するよ」と言う孝さん

孝さんは地元であるE町に子ども食堂を立ち上げたいと考えています。あなたは、孝さんの幼馴染であり子ども食堂の立ち上げメンバーである陸さんです。子ども食堂の立ち上げを成功させるためにも、孝さんのどういうことを知ればよいでしょうか。

➤ このケースで意識したいチームの視点：アウトプット

「チーム」を説明するために次の2人の行動について考えてみましょう。E町出身の孝さんは、子ども食堂を立ち上げたいと考えています。幼馴染の陸さん、茂さんを誘い、子ども食堂立ち上げのための話し合いを行っています。

(1) 孝さんは、「僕たちが地域をささえなければならない。来週の打ち合わせまでに僕が企画書を作っておきます」と言っています。

(2) 同じ地域の茂さんは、「3人で話し合いながらやろう。子ども食堂を運営している人にいろいろ聞いておくよ」と言っています。

(1)と(2)の違いは、アウトプットのタイミングです。孝さんは、企画書がすべてでき上がったところでアウトプットしたいと考えていますが、複数で活動する場合、メンバーが参加して作り上げるプロセスが重要です。このケースの場合、孝さんに負担が大きくかかります。一方で茂さんは、みんなで作り上げていくことを提案しています。アウトプットし企画することで茂さんの負担も少なくなります。同時に経験者の体験など地元に根差した確かな情報が「人」に紐づいていることを認識し企画できるでしょう。

➤ このケースで新たに意識したい視点：グラフィックレコーディング

企画やプロジェクトを実践する場合、「提案者が企画をしなければならない」と考えがちです。その思いがうまくアウトプットされない場合は、思考が停滞していると考えられます。このようなときには、考えたことをキーワードや図を用いてまとめていく「グラフィックレコーディング」が有効です。キーワードの関係性を組み合わせ、図式化し、再び考えることで、「考える」「書く」「描く」「見る」を行き来し、思いをアウトプットすることができます。メンバーと意見をブラッシュアップすることで、イメージを具体化する体験を通して、メンバーの「思考力」や「想像力」が上がることでしょう。

ワーク1　時間軸から情報を整理し相手の特徴を知る

　チームとして活動するために、「相手の特徴を知る」ことが大切です。あなたは孝さんの幼馴染であり、子ども食堂の立ち上げメンバーである陸さんです。「孝さんの情報」を「現在：能力・感覚」「過去：経験」「未来：志向」の３つに整理し、孝さんの特徴を考えましょう。

○登場人物

孝さん (31)	男性　　E町在住　　結婚し妻と子ども２人　　G大学卒業後、地元企業に就職 地元の青年団に所属　　趣味はジョギング　　責任感が強い　　妻はパート勤務

○孝さんの情報

①大学在学中は地元に帰らなかった	②つきあいで入った青年団	③子どもを通じた新たな関わり	④近所に顔見知りの人たちが多い
⑤妻の夢は起業すること	⑥「ありがとう」と言われる事が嬉しい	⑦共働きの家族が多い	⑧地元企業に子ども食堂の必要性を発信する予定がある
⑨行政から子ども食堂の設置の声掛け	⑩子どもの学校行事には積極的に参加している	⑪フルマラソンに挑戦したい	⑫定期的に家族でキャンプに出掛けている

現　在：能力・感覚	情報番号

過　去：経験	情報番号

未　来：志向	情報番号

ワーク2　追加された情報からさらに相手を深く知る

　ワーク1の「情報」とワーク2の「追加情報」を対人援助のアセスメントの視点「身体」「心理」「社会」の3つに関連づけて整理し、孝さんの特徴をさらに深く考えましょう。

○孝さんの追加情報

⑬楽しい場所にしたいというイメージ	⑭市役所に提出する企画書が必要	⑮1回の参加費は300円	⑯近所の大学生が学習指導
⑰体力的な衰えを感じている	⑱パソコンが得意な人がいる	⑲地元の企業から購入する弁当を出す	⑳近所の方から「少しなら手伝いますよ」と申し出があった

身　体：自身の情報	情報番号	追加情報番号

心　理：影響をうけている	情報番号	追加情報番号

社　会：とりまく情報	情報番号	追加情報番号

ワーク3　情報から相手のニーズを知り、アプローチを考える

　孝さんの「情報」「追加情報」を「顕在的ニーズ」「潜在的ニーズ」「新たに生じるニーズ」の3つに整理し、アプローチの方法を考えてみましょう。

「顕在的ニーズ」の関連づけ	情報番号	追加情報番号

【　　　　　】にアプローチした場合

「潜在的ニーズ」の関連づけ	情報番号	追加情報番号

【　　　　　】にアプローチした場合

「新たに生じるニーズ」の関連づけ	情報番号	追加情報番号

【　　　　　】にアプローチした場合

孝さんに対する丁寧な情報がもたらすチーム力アップ

　チーム内で議論を進めていくなかで、イメージはあるのにうまく伝わらないことや、一緒に行動をしていくうちに「何か違う」と思うこともあるでしょう。チームの方向性を作り上げるなかで必要なことの一つに、チームのコミュニケーション力があげられます。言葉だけではなく多様な思考法（グラフィックレコーディング等）を使ってメンバーと意見を深めていくことも一つの方法です。また、メンバーの「思い」を言語化（アウトプット）することで、自分たちの動機づけの機会を持つことも大切です。今回のケースの場合、アウトプットした思いは、子ども食堂の「理念」にもつながるでしょう。一方で子ども食堂を立ち上げるための「人」「物」「金」の3つを検討する機会ともなるでしょう。

校長先生であったレビー小体型認知症の勇さん

特別養護老人ホームに入所している勇さんはレビー小体型認知症を患っています。あなたは、勇さんの担当職員です。勇さんに対して適切にアプローチし、丁寧な情報収集を行うことで実践力を高めましょう。

➤このケースで意識したいチームの視点：洞察

今回のケースは、レビー小体型認知症のある勇さんへの対応事例です。ケアするうえで大切なことは、「観察する」だけではなく利用者が言葉で表現できないもどかしさや、生活のしづらさを理解することは難しい場合があります。特に、認知症のある利用者のケアをするうえでは、利用者がどのような場面で喜びを感じ、どのような場面で不安を感じるかを理解し関わるためにしっかり観察することがケアの基本です。例えば、介護拒否や、不穏興奮などの場合は、その利用者が現実場面を、長期記憶の中で判断しようとする行動・心理症状（BPSD）が原因の場合も多いと思われます。観察視点をさらに発展させ、ケアをする時には、「利用者が見ている風景を想起する＝洞察」まで思考を深めていくことが重要です。観察力や気づきの違いで把握する情報の質と量は変化します。観察の重要性と共に観察力を磨く努力と、利用者の心に何が見えているのか、洞察できる『考えるチーム』として実践力を高めましょう。また『考えるチーム』メンバーで話し合うことで、「察する」「感じ取る」ことから生ずる誤解や曲解にも配慮しましょう。

➤このケースで新たに意識したい視点：エビデンスベースドケア

介護職の社会的評価が認められるためには、専門性と高度化を検討していく必要があります。現場に根づいてきた『考えるチーム』を専門性とするならば、高度化を推進するのは『つながるチーム』です。高度化に欠かせないのが「エビデンスベースドケア」（根拠をもったケア）です。利用者の自立支援や機能向上・権利擁護・倫理性の保持など介護職に求められるものも高度化していますが、他職種と渡り合っていくためにも経験則に頼ってきた『考えるチーム』から『つなげるチーム』へと発展させるために「エビデンスベースドケア」が不可欠です。ケアの三本柱は「見る」「聴く」「つなぐ」です。介護過程のアセスメントを通して導き出された生活課題と目標は日常生活を通して支援として展開されます。個々の職員が「見る」「聴く」で集めたバラバラのピースの情報を「つなぎ合わせる」ことで、「エビデンスベースドケア」としてチームケアの専門性や倫理性が担保されたケアを展開しましょう。

ワーク1 アセスメント視点から情報を整理し相手の特徴を知る

　生活支援で必要な視点として「自立」「安全」「快適」の３つが挙げられます。勇さんの基礎疾患を意識しながら、「勇さんの情報」を３つのアセスメント視点に整理し、勇さんの特徴を考えましょう。

○登場人物

男性　　要介護３　　基礎疾患：レビー小体型認知症	
在宅介護を継続してきたが、家族の負担感が強く特別養護老人ホームに最近入所	

勇さん（76）

○勇さんの情報

①小学校の教員であった	②校長先生時代の思い出話をよくする	③家族との関係は良好である	④自分で何でもやろうとする
⑤食事は自分で食べることができる	⑥尿意はあるが失禁に至ることが多い	⑦手引き歩行で突進歩行が見られる	⑧記憶障害があるが修正すれば納得する
⑨見当識障害があるが総じて機嫌がよい	⑩女性職員による対応を好む	⑪日中に傾眠傾向がみられる	⑫夕方に落ち着かない様子が見られる

排泄介助における自立の視点	情報番号

移動介助における安全の視点	情報番号

余暇支援における快適の視点	情報番号

ワーク2　追加された情報からさらに相手を深く知る

　ワーク1の「情報」とワーク2の「追加情報」を「身体」「心理」「社会」の3つのアセスメント視点に関連づけて整理し、勇さんの特徴をさらに深く考えましょう。

○勇さんの追加情報

⑬食欲がある	⑭口頭指示で行動できる	⑮子どもの話をする時は活気づく	⑯読書が趣味であった

身　体	情報番号	追加情報番号

心　理	情報番号	追加情報番号

社　会	情報番号	追加情報番号

ワーク3　情報から相手のニーズを知り、アプローチを考える

　勇さんの「情報」「追加情報」を「している活動」「できる活動」「する活動」の3つに整理し、アプローチの方法を考えましょう。

「している活動」の関連づけ	情報番号	追加情報番号

【　　　　　　】にアプローチした場合

「できる活動」の関連づけ	情報番号	追加情報番号

【　　　　　　】にアプローチした場合

「する活動」の関連づけ	情報番号	追加情報番号

【　　　　　　】にアプローチした場合

勇さんに対する丁寧な情報がもたらすチーム力アップ

　介護現場では、介護職の専門性として、介護過程の展開である思考過程としての『考えるチーム』が組織論としてようやく根づいてきています。また利用者の自立支援や機能向上・権利擁護・倫理性の保持など介護職に求められるものも高度化していますが、他職種と渡り合っていくためにも経験則に頼ってきた『考えるチーム』から『つなげるチーム』へと発展させることが不可欠です。筆者が考えるケアの三本柱は「見る」「聴く」「つなぐ」です。介護職一人ひとりが、日々のケアの中で「見て」「聴いて」集めた情報を介護職チームメンバーのみならず、他職種、他機関、家族、地域に根拠として示す丁寧な情報提供や、的確な情報発信が、本当の意味での「つなぐ」ことではないでしょうか。『考えるチーム』が『つながるチーム』になることで、好循環が生まれることを期待します。

ケース5 社交的な関節リウマチの鈴さん

有料老人ホームに入所している鈴さんは関節リウマチを患っています。あなたは、鈴さんの担当職員です。鈴さんに対して適切にアプローチし、丁寧な情報収集を行うことで実践力を高めましょう。

➤このケースで意識したいチームの視点：裁量

　介護職によるチームアプローチとしての介護サービスの提供とは、介護職同士の連携と協働が基本となります。またチームアプローチを行うためには「目標」「方向性」「具体的な介護内容」など介護職の考え方の共有が求められます。そのため、考え方をいかに統一するか、個別ケア内容の提示と、実践方法である個別サービス計画の充実が課題となります。一方、生活場面を支える介護職は、アセスメントが個々に委ねられている側面があり、裁量が与えられている職種です。医師の指示のもとに行動する医療職とは違い、生活場面で、利用者の心身の状況に応じた適材適所な介護技術を提供する介護職は、ある意味裁量権の多い仕事とも言えます。

　例えば、夜勤帯で生じた利用者の転倒による出血場面では、その問題を判断し、日勤帯までの対処方法を決定して物事を処理する実践力が求められます。新人時代にはその重責やプレッシャーに押し潰されそうになりますが、日々の成功体験で自信をつけ、失敗体験では新たな学びとして成長を遂げます。統一した標準的なケアを実践しながら、個別的なケア提供場面での、利用者との関係性の中で新たに生じる「やりとり」が介護職のやりがいや楽しみにつながっています。利用者、介護職が「輝くチーム」として穏やかな時間を共有する生活場面となります。

➤このケースで新たに意識したい視点：権限移譲

　権限移譲は何も職員に対してだけの考え方ではありません。利用者が「輝くチーム」の中で主体者として暮らすために、利用者に対しても、自分のことは自分で決める「自己決定」、自分の能力活用で暮らす「現存（残存）能力活用」、「ケアの根幹」となる考え方も、利用者視点で考えるならば、要介護状態における復権であり、ある意味、介護職からの権限移譲の側面も考えられます。

　アセスメント力をアップすることは、利用者のQOL向上とともに、チームビルディングの重要な側面となります。丁寧な情報共有が円滑に行われ、高い介護実践が行われれば、利用者も介護職も満足感の高い「輝くチーム」として形成されます。各勤務帯に対して権限移譲が行われることで、情報伝達の円滑化が進み、利用者が生活の中で感じる小さな煩わしさが軽減することで「流れるチーム」に発展することでしょう。

ワーク1 アセスメント視点から情報を整理し相手の特徴を知る

　生活支援で必要な視点として「自立」「安全」「快適」の3つが挙げられます。鈴さんの基礎疾患を意識しながら、「鈴さんの情報」を3つのアセスメント視点に整理し、鈴さんの特徴を考えましょう。

○登場人物

鈴さん (84)

女性　　要介護4　　基礎疾患：関節リウマチ
夫が逝去後、独居となったため、有料老人ホームの生活サービス課で暮らしてきたがADL低下のためケアサービス課に転居

○鈴さんの情報

①職員への気兼ねや遠慮がある	②手を使う巧緻作業に苦手意識がある	③日内変動が顕著にみられる	④できれば自分でやりたい思いが強い
⑤食事は補助具を用いて自力摂取可能	⑥排泄時はズボンの着脱支援が必要	⑦入浴時は自分一人で入りたい	⑧室内は車いすを足こぎしている
⑨スナックを経営していた	⑩日中はテレビを見て過ごす	⑪話し相手がいなくて淋しい	⑫綺麗な色や、オシャレが好き

着脱介助における自立の視点	情報番号

移動介助における安全の視点	情報番号

余暇支援における快適の視点	情報番号

ワーク2　追加された情報からさらに相手を深く知る

　ワーク1の「情報」とワーク2の「追加情報」を「身体」「心理」「社会」の3つのアセスメント視点に関連づけて整理し、鈴さんの特徴をさらに深く考えましょう。

○鈴さんの追加情報

⑬下肢の浮腫が顕著	⑭生活動作がうまくいかないことにいら立っている	⑮排尿のコントロール状況が可能	⑯携帯電話を持って家族にかけている

身　体	情報番号	追加情報番号

心　理	情報番号	追加情報番号

社　会	情報番号	追加情報番号

ワーク3　情報から相手のニーズを知り、アプローチを考える

　鈴さんの「情報」「追加情報」を「している活動」「できる活動」「する活動」の3つに整理し、アプローチの方法を考えましょう。

「している活動」の関連づけ	情報番号	追加情報番号

【　　　　　　】にアプローチした場合

「できる活動」の関連づけ	情報番号	追加情報番号

【　　　　　　】にアプローチした場合

「する活動」の関連づけ	情報番号	追加情報番号

【　　　　　　】にアプローチした場合

鈴さんに対する丁寧な情報がもたらすチーム力アップ

　関節リウマチの鈴さんは、体調や身体の痛みに日内変動があることが想像されます。疾患の特徴から、他の方以上に、鈴さんは24時間365日、ニーズが変化することが考えられます。介護の現場で最も必要なことは、利用者のニーズに即応できるチームであることです。そのためには個々の介護職が迅速、かつ柔軟に対応ができる裁量が与えられなくてはなりません。柔軟なチーム活動のためには、裁量、権限移譲をうまく利用します。メンバーの自律性や創造性を高める時にこそ権限移譲をしてもらいましょう。介護現場における働き方改革では、休日や私生活の充実とともに個性を発揮したケア実践を謳う法人の取り組みが報告されています。介護職は医療の指示で動く医療職とは違い、一人ひとり考え、ケア内容を工夫することは、ある意味、裁量権が与えられた職種と言えます。介護職ジェネラリストと捉える所以です。

スキンケアの必要な梅さん

特別養護老人ホームに入所している梅さんはアトピー性皮膚炎を患っています。あなたは、梅さんの担当職員です。梅さんに対して適切にアプローチし、丁寧な情報収集を行うことで実践力を高めましょう。

➤このケースで意識したいチームの視点：共通理解

　今回のワークは、皮膚炎を患ってスキンケアの必要な梅さんへの対応事例です。専門職の立場では、状態観察と言葉にならないスピリチュアルな痛みに対してチームで共通理解を持つことが重要です。「自分はどうしてこんな病気で苦しまなければならないのか」など梅さんの気持ちに寄り添った言葉がけに正解はありません。梅さん自身、治すために掻くのはよくないからやめようと思いつつ止められず、掻いた後の症状の酷さを見て、抑止力が利かない自分自身を責めてしまいます。介護職員は、利用者とコミュニケーションを取りやすく、介護チームに得られた情報をフィードバックしていくことができます。ケアの際には利用者の皮膚状況を十分観察できます。介護チームで行う介護過程展開では、チーム内で利用者に対して何となくはっきりしない違和感を持つことがあります。その正体はチームにおける共通理解の不足も考えられます。チーム内で再度梅さんの周辺状況について確認しましょう。情報分析をやり直したり、これまでの見方以外に別の見方ができないかチェックしてみましょう。カンファレンスで考えられる可能性を些細な状況についてもテーブルに並べ探ることがチームの共通理解を深めることにつながると考えられます。これまで落ち込みがちだった心情を好循環させていくためにもチームの共通理解が大切です。

➤このケースで新たに意識したい視点：コネクト

　継続的な関わりを行う場合、利用者とのコネクト（相互のつながり）が必要です。利用者にチームへの信頼感を持ってもらえるようにするため、状況改善過程や介護手順などを説明していきます。対応する職員が違っても、梅さんに対するスキンケアの手順や薬剤塗布の時間帯が同様に行い、症状改善に希望が持てる対応をチームとして行うことが重要です。日ごろから介護内容や手順をチームとして話し合い、梅さんに対して完璧な介護を提供できるようコネクトしていきたいものです。互いに介護内容を熟知しておき、得られた情報を、同僚や他の専門職の行動に対して声をかけあい助け合うことが専門家集団のチーム介護といえます。日常の介護場面では、必要な介護用品の配置や動作、介護手順の統一的対応も必要です。介護職員によってばらつきが出ず、コネクトした介護行動から、介護プロセスを考えるチームとして成長できます。

ワーク1 アセスメント視点から情報を整理し相手の特徴を知る

　生活支援で必要な視点として「自立」「安全」「快適」の3つが挙げられます。梅さんの基礎疾患を意識しながら、「梅さんの情報」を3つのアセスメント視点に整理し、梅さんの特徴を考えましょう。

○登場人物

梅さん（83）

女性　　要介護3　　基礎疾患：アトピー性皮膚炎
在宅で一人暮らしをしてきたが、遠隔地に住む家族の負担感と食事等の不安があるため特別養護老人ホームに入所した

○梅さんの情報

①料理旅館の娘であった	②子どもの頃、思い出話が繰り返される	③入所後は月一回の買い物が楽しみである	④料理の腕には自信がある
⑤食事は義歯を使用し一人で食べられる	⑥排泄は自分ひとりでできる	⑦できないことがあると気に病む	⑧体の柔軟性が失われている気がする
⑨日中ぼーっとしているときがある	⑩特定の職員に介護を頼みたがる	⑪通院時は前日から準備している	⑫家族が施設に来てくれるよう頻回に連絡する

スキンケアにおける自立の視点	情報番号

服薬における安全の視点	情報番号

生活における快適の視点	情報番号

ワーク2　追加された情報からさらに相手を深く知る

　ワーク1の「情報」とワーク2の「追加情報」を「身体」「心理」「社会」の3つのアセスメントの視点に関連づけて整理し、梅さんの特徴をさらに深く考えましょう。

○梅さんの追加情報

⑬右大腿骨と膝関節を手術した	⑭歩行にはシルバーカーを使用する	⑮孫が来ると喜ぶ	⑯白内障を患っている

身　体	情報番号	追加情報番号

心　理	情報番号	追加情報番号

社　会	情報番号	追加情報番号

ワーク3　情報から相手のニーズを知り、アプローチを考える

　梅さんの「情報」「追加情報」を「している活動」「できる活動」「する活動」の3つに整理し、アプローチの方法を考えましょう。

「している活動」の関連づけ	情報番号	追加情報番号

【　　　　　】にアプローチした場合

「できる活動」の関連づけ	情報番号	追加情報番号

【　　　　　】にアプローチした場合

「する活動」の関連づけ	情報番号	追加情報番号

【　　　　　】にアプローチした場合

梅さんに対する丁寧な情報がもたらすチーム力アップ

　介護職員と利用者のつながりが情報をもたらします。介護中、対象者の生育環境や価値観、考え方、身体状況の情報を収集していきます。収集した情報を統合して共通理解ができるよう協議し、チーム介護を行っていきます。チームで共通理解を得ながら介護方針を決定し、利用者とのコネクト形成をしていきます。利用者に接することの多い介護職員は継続的な関わりをすることで、介護チームの共通理解をすすめ、介護業務の質を高める好循環と、利用者とのコネクトを結んだ介護チームになると思います。

寂しがり屋な四肢麻痺のタケさん

特別養護老人ホームに入所しているタケさんは脳梗塞で四肢麻痺となっています。あなたは、タケさんの担当職員です。タケさんに対して適切にアプローチし、丁寧な情報収集を行うことで実践力を高めましょう。

➤このケースで意識したいチームの視点：情報共有

　情報共有に必要なことは、情報を集め、情報を必要な職員がいつでも見ることができ、活用できることが必要です。多くの施設では、政府が推進する「科学的情報介護」に従って情報の蓄積を始めています。情報の共有化で一番に考えなければならないのは、蓄積した情報をいかに活用するかです。例えば、睡眠データを可視化できる機械を導入したとしても、そのデータを利用者の介護に活用できなければ情報共有とは言えないでしょう。

　情報共有のためには、作業手順の標準化が効果的です。介護職は交代勤務の職場ですので、担当者しか状況がわからないというのはよくありません。そのフロアに勤務していなくても蓄積した情報に触れることで十分な介護ができることが重要です。○○さんの件は知りませんと言って介護しないのではなく、○○さんの資料はここにデータベースがあるのでそれをみて、その日の必要な介護を行うことが望まれます。

➤このケースで新たに意識したい視点：介護シェアリング

　一般に介護職員が行う介護業務は、利用者の身体へ直接かかわるケアです。寝たきりの方であれば、移乗・移動、食事、口腔ケアや医療的ケアなどがあげられます。「社会福祉士及び介護福祉士法」の第2条の規定は「入浴、排せつ、食事その他の介護」から「心身の状況に応じた介護（喀痰吸引（中略）を含む）」とされています。利用者に対する介護業務の中身を分析し、特定のフロアや職員に集中している業務などをより多くの介護職員でシェアすることや、手順や内容の見直しをチームとして話し合い、介護を提供していきたいものです。チームで介護内容の再検討を行い、利用者に対する介護内容により、その影響や介護効果の度合いを考慮して新人、中堅、ベテランに振り分け「介護シェアリング」を行うことは、サービスの質の確保への観点からもよい影響をもたらす可能性を秘めていることでしょう。

ワーク1 アセスメント視点から情報を整理し相手の特徴を知る

　生活支援で必要な視点として「自立」「安全」「快適」の3つが挙げられます。タケさんの基礎疾患を意識しながら、「タケさんの情報」を3つのアセスメント視点に整理し、タケさんの特徴を考えましょう。

○登場人物

タケさん(63)

女性　　要介護4　　基礎疾患　　脳梗塞
長男と長女で在宅介護してきたが、長女の結婚を機に食事、排泄等の介護不安があるため特別養護老人ホームに入所した

○タケさんの情報

①夫と死別している	②会社の事務員として定年まで勤務した	③脳梗塞を発症し、四肢にまひが残る	④右手は人差し指と親指がわずかに動く
⑤義歯はない	⑥食事は右手で50分程度かかっている	⑦股関節の可動域が狭く、おむつ交換が困難	⑧尿意と便意がわかることがある
⑨24時頃に必ず呼び出しがある	⑩毎週日曜、長男が面会に来る	⑪車いすでは、ずり落ちてくることが多い	⑫消灯後ベッドで、涙を流していることがある

脳梗塞における自立の視点　　　　　　　　　　　　　情報番号

四肢麻痺と関節可動域が狭いことからくる安全の視点　　　情報番号

生活における快適の視点　　　　　　　　　　　　　情報番号

ワーク2　追加された情報からさらに相手を深く知る

　ワーク1の「情報」とワーク2の「追加情報」を「身体」「心理」「社会」の3つのアセスメント視点に関連づけて整理し、タケさんの特徴をさらに深く考えましょう。

○タケさんの追加情報

⑬長男が、墓参りに連れ出す	⑭ろれつが回らず発音に問題がある	⑮月に1回、長女が子連れで来る	⑯五十音表を使って会話ができる

身　体	情報番号	追加情報番号

心　理	情報番号	追加情報番号

社　会	情報番号	追加情報番号

ワーク3　情報から相手のニーズを知り、アプローチを考える

　タケさんの「情報」「追加情報」を「している活動」「できる活動」「する活動」の3つに整理し、アプローチの方法を考えましょう。

「している活動」の関連づけ	情報番号	追加情報番号

【　　　　　】にアプローチした場合

「できる活動」の関連づけ	情報番号	追加情報番号

【　　　　　】にアプローチした場合

「する活動」の関連づけ	情報番号	追加情報番号

【　　　　　】にアプローチした場合

タケさんに対する丁寧な情報がもたらすチーム力アップ

　口腔ケアをすることによって疾患、リハビリ、健康増進につながります。さらに施設内で摂食嚥下サポートチーム（SST）を組織して、職員それぞれの専門性を活かし、口内環境を整え、誤嚥することなく楽しく食事ができるように支援、訓練、指導をすることで結果の見える化が可能となり職場内のチーム力アップと健康保持につながります。

おわりに

　2021(令和３)年度に介護報酬が改正されました。また「科学的介護情報システム(LIFE)」による科学的介護のデータ蓄積が始まりました。これは、介護の新たな一歩となると予測されています。医療分野では、その人が望む価値観、活用できる資源、治療が有効で安全とする理由には同等の重みがあります。しかし、介護はその人が望む価値観と介護を支える人的資源で支えられてきた歴史があります。

　新型コロナ感染症の中で、生活の不安や恐怖と進んだ日々、人と関わることが「普通」の行動だったことへの感謝ではないでしょうか。誰もが生活も仕事も学校も「楽しく」したい、「楽しい」ことを求めていると思います。例えば３密を避けるというルールのもとそれぞれの場所で考え「発見」した工夫は、今思えば「できた」という達成感や充実感ともいえるのではないでしょうか。大変な１年間でも今までにない人との関わりからの発見もあったと信じたいと気持ちです。

　最後に「楽しい」と何気なく使う言葉には、「そうなんだ」「へー」と感じる「発見」や一瞬のひらめきのような「面白さ」の体験が積み重なっていると思います。そう考えると「発見」や「面白さ」のツボは一人ひとり違います。「発見」や「面白さ」のツボをチームで見える化する体験(時間)が仕事の「楽しさ」につながるのではないでしょうか。短い時間でもいいと思います。利用者・チームメンバーの小さな発見(情報)を共有することが介護の「楽しさ」のはじめの一歩です。

介護福祉現場の意識改革シリーズ
事例から考える「チーム介護」のはじめの一歩

2021年10月20日　初版第 1 刷発行

著　　者	岡本浄実・野田由佳里・村上逸人
発 行 者	竹鼻　均之
発 行 所	株式会社みらい

〒500-8137　岐阜市東興町40　第 5 澤田ビル
TEL　058-247-1227(代)
FAX　058-247-1218
https：//www.mirai-inc.jp

印刷・製本	西濃印刷株式会社

ISBN978-4-86015-557-5
Printed in Japan　　　　　　　乱丁本・落丁本はお取り替え致します。